FÜR MEINE ENKELKINDER – FÜR JACQUES, DEM ICH DIE IDEE VERDANKE, UND FÜR JÁNOS, JÚLIKA, CYRIL UND GEORG

Claudia de Weck
MAMAPAPA & ICH / PAPAMAMA & ICH – Ein Wendebuch
© 2024 Atlantis Verlag, Zürich
www.atlantisverlag.ch

Maltechnik: Aquarell, Gouache und Tuschepinsel
Litho und Druck: Grafisches Centrum Cuno, Calbe (D)
Layout: Roland Stämpfli
ISBN 978-3-7152-0867-1
1. Auflage 2024

Bibliografische Information der Deutschen Nationalbibliothek
Die Deutsche Nationalbibliothek verzeichnet diese Publikation in der Deutschen Nationalbibliografie; detaillierte bibliografische Daten sind im Internet abrufbar über http://dnb.de

Dieses Buch wurde auf zertifiziertes FSC-Papier aus verantwortungsvollen Quellen gedruckt.

Claudia de Weck

MAMAPAPA & ICH

MEINE MAMA IST EIN KRAN.

MEINE MAMA

IST EIN SCHIFF.

MEINE MAMA IST EIN BAUM.

MEINE MAMA IST EINE TAUSENDFÜSSLERIN.

MEINE MAMA IST EIN GEWITTER.

MEINE MAMA

IST EINE LOKOMOTIVE.

MEINE MAMA
IST EINE
SCHNECKE.

MEINE MAMA IST EINE KATZE.

MEINE MAMA IST EIN HAUS.

MEINE MAMA IST DER MOND.

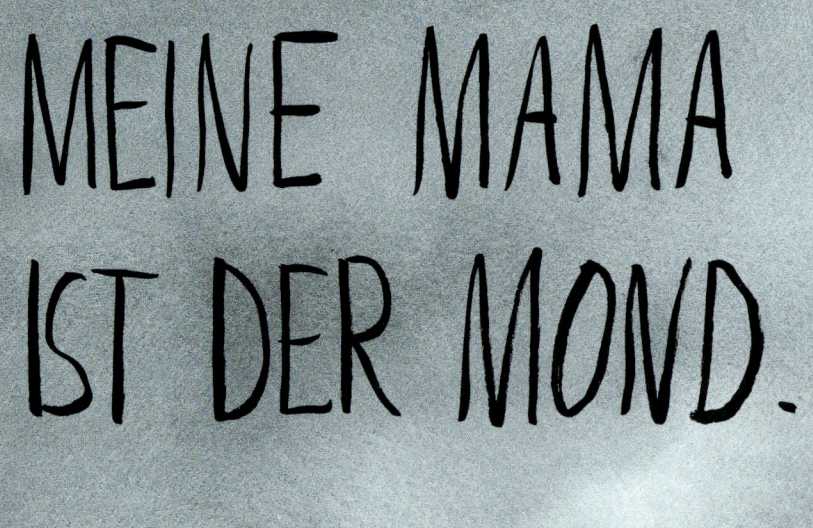

Und was bin ich?

Meine Mama sagt:

DU BIST EIN GESCHENK!

UND WAS
IST PAPA?

UND WAS
IST MAMA?

Mein Papa sagt:
DU BIST
EIN SCHATZ!

UND WAS
IST MAMA?

MEIN PAPA IST EIN TRAUM.

Und was bin ich?

MEIN PAPA

IST

MUSIK.

MEIN PAPA IST EIN IGEL.

MEIN PAPA IST FRAU HOLLE.

MEIN PAPA IST EIN SCHUTZ-ENGEL.

MEIN PAPA IST EINE GIRAFFE.

MEIN PAPA IST EIN OKTOPUS.

MEIN PAPA IST EIN SUPERMARKT.

MEIN PAPA
IST EIN
LEUCHT-
TURM.

MEIN
PAPA
IST
EINE
WELLE.

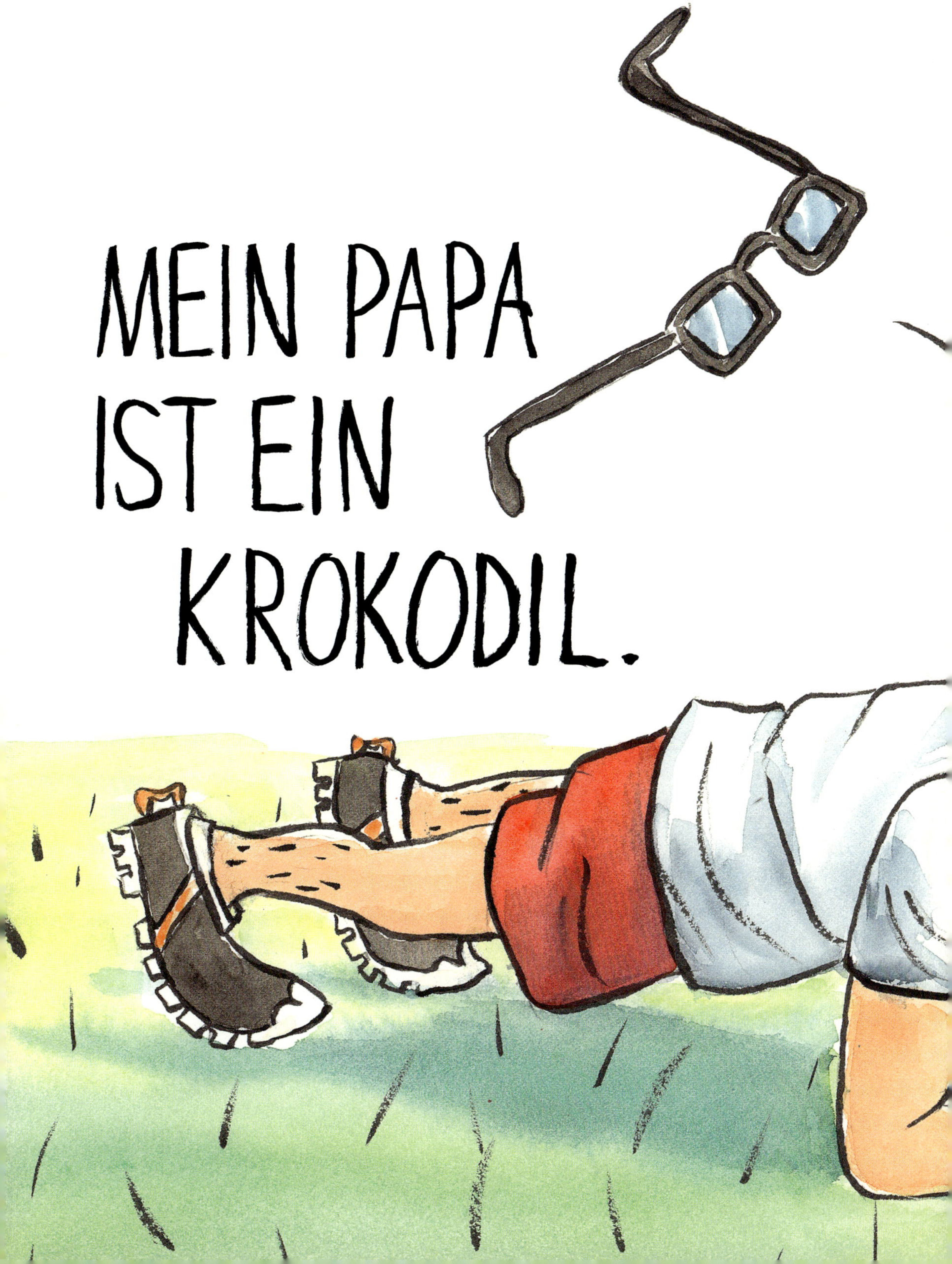
MEIN PAPA
IST EIN
KROKODIL.

MEIN

PAPA

IST

EIN

FELS.

Claudia de Weck

PAPAMAMA
& ICH

MEIN PAPA
IST...

atlantis

Für meine Enkelkinder – für Jacques, dem ich die Idee verdanke, und für János, Júlika, Cyril und Georg

Claudia de Weck
MAMAPAPA & ICH / PAPAMAMA & ICH – Ein Wendebuch
© 2024 Atlantis Verlag, Zürich
www.atlantisverlag.ch

Maltechnik: Aquarell, Gouache und Tuschepinsel
Litho und Druck: Grafisches Centrum Cuno, Calbe (D)
Layout: Roland Stämpfli
ISBN 978-3-7152-0867-1
1. Auflage 2024

Bibliografische Information der Deutschen Nationalbibliothek
Die Deutsche Nationalbibliothek verzeichnet diese Publikation in der Deutschen Nationalbibliografie; detaillierte bibliografische Daten sind im Internet abrufbar über http://dnb.de

Dieses Buch wurde auf zertifiziertes FSC-Papier aus verantwortungsvollen Quellen gedruckt.